AF320758

L 27/12
28638

(A Consenser)

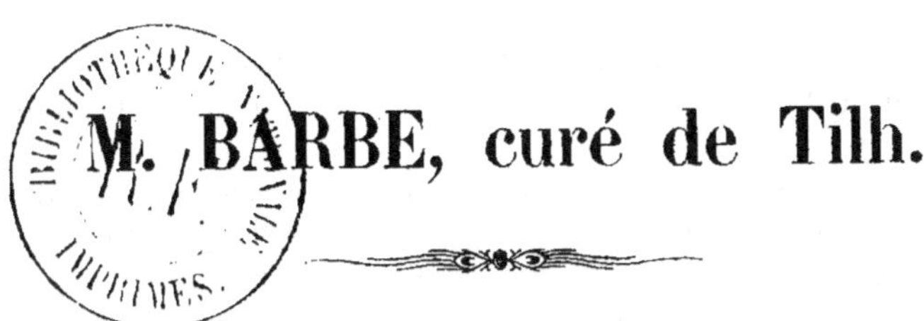

M. BARBE, curé de Tilh.

Le 20 juin 1875 restera désormais dans le souvenir des habitants de Tilh comme une date douloureuse ; c'est en ce jour en effet que la paroissse a perdu le prêtre bien-aimé qui l'évangélisait depuis quinze ans, et qui par sa piété, son zèle, son dévouement et ses vertus avait conquis l'affection et l'estime universelles.

Les larmes que la nouvelle de sa mort aussi prématurée qu'inattendue a fait couler de tous les yeux, les pieuses et touchantes démonstrations qu'a provoquées ce pénible événement, le deuil qui plane encore sur toute la paroisse comme sur une famille qui a perdu son père ont dit et proclament bien éloquemment ce que fut celui dont nous pleurons la perte ; mais la douleur des paroissiens n'est pas satisfaite ; ils veulent conserver écrite la mémoire d'un père que leurs cœurs n'oublieront jamais, et chargent un de ses enfants de ce pieux office. Cette tâche est bien douce pour moi ; je l'accepte avec bonheur, m'estimant heureux de pouvoir donner un dernier témoignage d'affection à celui qui fut un de mes meilleurs amis.

Le zèle, avec toutes les formes qu'il est susceptible de prendre, voilà ce qui caractérise la vie apostolique de M. Barbe. Quelque part que nous le considérions, nous le voyons, dévoré d'amour pour les âmes, répandre autour de lui le feu sacré qui l'embrase, et enflammer les cœurs des ardeurs que son Maître a le premier apportées sur la terre. C'est à Pouillon qu'il commença son laborieux apostolat, après avoir quitté le grand séminaire de Dax, où sa piété exemplaire lui avait valu les charges les plus honorables et les plus enviées. Que ne puis-je le suivre sur le premier théâtre où il lui fut donné de se former au saint ministère ! que ne puis-je interroger les âmes que sa sûre direction a lancées dans la voie de la perfection et du salut ! Une parole me suffira pour résumer sa vie de vicaire ; elle est tombée naguère de la bouche d'un homme qui lui donne la plus grande valeur : « M. Barbe a fait un grand bien à Pouillon ; ce bien subsiste encore, et en voyant les œuvres qui lui survivent, on est forcé de s'écrier : un prêtre selon le cœur de Dieu a passé par là ! »

Après cinq ans passés à Pouillon, il fut appelé comme curé dans l'importante paroisse de Montaut, qu'il a desservie pendant dix-sept ans. Ce ne serait pas un faible sujet d'édification que de le suivre de cette seconde étape de sa vie sacerdotale, d'étudier les œuvres nombreuses que son zèle a fondées, et de voir la douleur qu'a portée la nouvelle de sa mort dans le cœur des habitants de Montaut. Mais j'ai hâte de le considérer dans la paroisse de Tilh, où il a passé les quinze dernières années de sa vie, et ajouté les derniers fleurons à la couronne qui maintenant, je l'espère, orne à jamais son front dans la Jérusalem céleste.

Sitôt arrivé dans la nouvelle terre que le Père de famille confie à ses soins, M. Barbe débute par un coup d'éclat ; il veut préparer les âmes à répondre aux efforts de son zèle, et à cet effet, il leur procure les exercices d'une mission, à la suite de laquelle il établit l'Oraison des Quarante Heures. Aujourd'hui, grâce à son initiative, tandis que les mondains courent avec plus de frénésie que dans tout autre temps, après des jouissances et des plaisirs dangereux, les habitants de Tilh, pieusement groupés autour des Saints autels, font amende honorable pendant trois jours au Sacré-Cœur de Jésus exposé dans le Saint Sacrement. Premier souvenir que M. Barbe a laissé au milieu de nous.

Une fois qu'il est parvenu à donner un pieux élan à sa paroisse, il jette les yeux sur le temple de son Jésus, et ne le trouvant pas digne de celui qu'il abrite, il promet d'élever une plus riche demeure au Seigneur. Ce projet qu'il conçut aux pieds du divin Prisonnier dont il aimait à partager la captivité volontaire, est aujourd'hui pleinement réalisé. Grâce aux sacrifices de tout genre que le charitable curé s'est imposés, et aux généreuses donations des paroissiens, Tilh possède aujourd'hui une église charmante. Mais, jusqu'à ces derniers temps, quelque chose semblait lui manquer encore. Les statues de la Sainte Vierge et de Saint Joseph ornaient les autels des deux nefs latérales, mais aucun signe extérieur ne montrait la présence de Jésus au Saint Tabernacle. Pour remplir un vide qu'il sentait mieux que personne, M. Barbe vient de faire ériger par M. l'Archiprêtre de Dax avec une solennité qu'on ne peut oublier, une magnifique statue du Sacré-Cœur. Elle est là maintenant, sur un trône d'honneur, dominant l'autel et embrassant du regard l'église entière, escortée des images de Marie et de Joseph. L'excellent pasteur trouvait ses délices à considérer cette trinité ; il aimait à épancher son cœur dans celui de son maître, et pour répondre aux désirs qu'il est venu lui-même exprimer sur la terre il a établi les exercices publics du mois de juin. J'aime à croire que le Sacré-Cœur l'en aura récompensé ; car c'est au jour même du premier anniversaire de l'érection de la statue qu'il a appelé à lui son serviteur. Saint Joseph occupait aussi une large part dans sa dévotion ; il l'aimait, et l'a fait aimer ; car tous les soirs pendant le mois de mars, l'autel du glorieux patriarche était entouré par de nombreux fidèles qui venaient avec leur pasteur lui offrir leurs vœux et leurs prières. Mais le culte de la Sainte Vierge était l'objet de ses prédilections ; il avait pour elle les sentiments d'un enfant pour sa mère, et cet amour paraissait dans les paroles qu'il consacrait à la gloire de Marie. Il prouvait autrement que par des mots son affection pour la Reine du ciel, et rien n'égalait la magnificence dont il entourait ses autels pendant le mois spécialement consacré à l'honorer. Un trait que je choisis dans l'histoire de Notre-Dame de Maylis par M. Labarrère montrera mieux que je ne saurais le faire l'amour et la confiance de notre père envers la Sainte Vierge. C'était en 1855 ; le choléra passait dans le département des Landes qu'il décimait cruellement. Alarmé sur le sort de son peuple, M. Barbe, alors curé de Montaut, consacra sa paroisse à Marie par un vœu public. Le fléau passa et personne ne fut atteint. Quelque temps après, on voyait la paroisse entière s'acheminer avec toute la pompe de la religion vers le sanctuaire de Maylis, et le pasteur reconnaissant de la faveur signalée que Marie avait accordée à son troupeau, passait au cou de la Madone un cœur en vermeil sur lequel ces mots étaient gravés : A Notre Dame de Maylis Montaut reconnaissant. Aujourd'hui encore, la Vierge de la Chalosse tient dans la main ce cœur précieux, et son inscription dit à quiconque vient la visiter la confiance du bon curé en la mère de Jésus.

Sous l'inspiration de ce triple amour, que d'œuvres n'a pas établies celui dont je cherche à faire revivre les vertus. Je regrette de ne pouvoir les énumérer toutes. Je me contente de signaler la

Congrégation des Enfants de Marie qu'il a fondée de concert avec son grand.ami M. Darrigan, archiprêtre de la cathédrale d'Aire. Les fruits qu'a produits cette pieuse institution ne peuvent être énumérés : la vertu des jeunes personnes sauvegardée, la piété profondément implantée dans leurs cœurs, d'excellentes mères données aux enfants, voilà en résumé les précieux résultats qu'avait en vue l'excellent pasteur, et dont il lui a été donné de jouir avant sa mort.

Je parlais naguère de M. Darrigan comme prédicateur extraordinaire de Tilh. Combien d'autres noms illustres j'aurais à placer à côté du sien : M. Lagarde, chanoine honoraire et principal du collège de Dax que nous devions entendre le 15 août prochain pour la première communion des enfants, l'abbé Gassiat, le père Maurice, Franciscain, l'abbé de Lamartinière, etc., qui tour à tour ont occupé la chaire de Tilh. Citer de pareils noms, c'est dire surabondamment de quels prêtres recommandables par la science et la vertu, M. Barbe demandait le concours. Mais parmi les apôtres qui nous ont distribué le pain de la parole évangélique, il en est un dont nous ne perdrons jamais le souvenir ; c'est le Père Barbe, de la Compagnie de Jésus, missionnaire à Madagascar, et frère du défunt. Ah ! que ne peut-il à ma place écrire ces quelques lignes qui sous sa plume prendraient tant d'onction ! Que ne peut-il nous révéler la charité de son frère pour les Malgaches qu'il évangélise ! Il nous montrerait, les larmes aux yeux au souvenir des bienfaits de celui qui n'est plus, les autels de ses églises ornés de belles et blanches étoffes, les murs en terre de ses temples pavoisés de brillantes images, les longs rosaires que les Malgaches portent toujours autour de leur cou, les jeux nombreux qui servent à la récréation des enfants, et les ornements dont il est lui-même revêtu aux jours de fête, toutes choses qu'il doit à la générosité de son frère. Mais non ! je ne parlerai pas de la charité du défunt pour les âmes d'outre-mer, et ne citerai pas les lettres nombreuses où la reconnaissance du missionnaire éclate en remercîments ; il n'aimait pas à voir ses bonnes œuvres connues, et chez lui la main gauche ne savait pas ce que faisait la droite. J'aime mieux le considérer à Tilh où il travaille jusqu'à la mort à sanctifier les âmes que Dieu lui a confiées.

Ayant appris par sa propre expérience que la pompe des cérémonies religieuses contribue puissamment à attirer les fidèles, et n'aimant rien tant que de les voir nombreux autour des saints autels, M. Barbe ne négligeait rien pour donner au culte divin tout l'appareil possible. Voilà pourquoi cet autel monumental de la Semaine-Sainte, cette représentation de la grotte de Lourdes pendant tout le mois de mai, cette magnifique manifestation pour l'érection de la statue du Sacré-Cœur. Voilà pourquoi encore ces riches ornements qui composent le vestiaire de la sacristie de Tilh, et dont la vue arrache instinctivement ce cri à quiconque vient les visiter : vraiment, il aimait bien son Dieu, celui qui par ses soins est parvenu à l'entourer d'une telle magnificence ! On se demande en présence de cette richesse ce qu'il faut admirer le plus de l'intelligente initiative et des soins du bon curé, ou de la générosité des paroissiens. Il s'est plu lui-même à leur rendre justice, et il a dit bien souvent que pour obtenir leur charitable concours il n'avait eu qu'à parler. Et que peut-on refuser à celui qui demande pour les intérêts de Dieu et de sa sainte religion, quand surtout celui qui tend la main est tendrement aimé de ceux dont il sollicite les largesses. Ah ! oui, il était chéri de ses paroissiens ce prêtre tant regretté ; mais disons, pour être juste, qu'il connaissait les moyens d'arriver jusqu'au cœur, et avait le talent de concilier avec les exigences de son devoir ce qui rend la vertu belle en elle-même et aimable en celui qui la possède. Il ne se contentait pas de parler à son peuple réuni dans l'église, de distribuer ses conseils au confessionnal, de donner aux enfants de son catéchisme ces soins infinis que les parents n'oublieront jamais, de faire de nombreuses visites aux malades ; mais, suivant un conseil que nous donnait monseigneur Mermillod dans notre retraite ecclésiastique de 1870, conseil répété sous plusieurs formes dans les livres qui traitent du zèle ecclésiastique, il allait voir les paroissiens dans leur propre maison. Ce mois de mai, riches et pauvres l'ont vu pour la dernière fois prendre place auprès de leurs foyers ; ils l'ont entendu donner à celui-ci un encouragement, à celui-là un reproche affectueux, à tous une parole de consolation ; ils l'ont vu passer ensuite dans la chambre où, d'après son conseil, la famille avait érigé un petit autel en l'honneur de Marie, prier avec eux, donner une médaille en souvenir de son passage, et comblé de bénédictions, s'éloigner en promettant de revenir.

Mais hélas ! le temps devait arriver où il ne reviendrait plus.

Quelques jours après avoir terminé sa visite pastorale, une congestion pulmonaire l'obligeait à garder le lit. Huit jours de souffrances supportées avec une patience admirable ont suffi pour triompher de ses forces et de sa santé jusqu'alors parfaite. Le dimanche, 20 juin 1875, l'ange de la mort passait à Tilh et s'arrêtait devant le presbytère. Frappé par lui, mais fortifié d'avance par les consolations de la religion et déjà préparé au terrible passage, M. Barbe s'est doucement endormi dans le Seigneur, en jetant vers le ciel, où son âme s'envolait, un regard d'une indicible expression.

La terrible nouvelle se répand soudain, et jette la paroisse entière dans la consternation. M. le curé est mort ! s'écrie-t-on de tous côtés, et de tous côtés on accourt pour contempler une dernière fois le visage de ce père chéri qu'on ne reverra plus que dans l'éternité. Deux jours entiers le corps est resté exposé sur un lit de parade, et le pieux mouvement n'a jamais cessé, que dis-je ? on a dû en quelque sorte faire violence à la foule au moment où l'on mettait dans le cercueil le corps du défunt. Les jeunes gens sont venus les premiers, et les yeux en pleurs, la douleur dans l'âme, ils ont embrassé avec effusion les restes inanimés de leur père, en lui demandant pardon pour les peines qu'ils avaient pu lui causer. Ah ! il était beau cet auguste visage dont la mort a jusqu'à la fin respecté les traits, et il empruntait aux larmes dont l'inondait l'amour de ses enfants une nouvelle majesté qui captivait les cœurs et les tenait irrésistiblement charmés. Les hommes ont collé leurs lèvres contre le front du défunt ; les femmes baisaient la main du pasteur, et plaçaient sur elle leurs chapelets et leurs autres objets de piété ; on en a même vu qui ont poussé la pieuse indiscrétion jusqu'à dépouiller de ses cheveux la tête de celui qu'on regarde comme un saint.

O habitants de Tilh, quelle n'a pas été votre conduite, et comme vous avez su noblement faire votre devoir ! Je ne crains pas de le répéter après l'éloquent orateur qu'il vous a été donné d'entendre, vous avez offert un magnifique spectacle au ciel et à la terre. Il était beau de vous voir prier au milieu de vos larmes, au pied de ce lit funèbre où pour la dernière fois vous appelait votre père ! il était beau de vous voir groupés avec un ordre admirable autour de ses restes bénis sur lesquels l'Eglise répandait ses dernières prières ! il est beau de vous voir encore, sous le coup de la douleur qui vous frappe, prier devant la tombe chérie, et suivre ainsi dans l'autre monde celui que vous avez su aimer ici-bas ! Non, je ne crains pas de le dire de nouveau, vous avez offert et vous offrez encore un magnifique spectacle au ciel et à la terre. Que Dieu vous le rende, et que du haut du ciel votre père vous bénisse !

Après les scènes dont nous avions été à la fois les témoins et les acteurs, nous avions tout droit de penser que les cérémonies funèbres seraient une véritable démonstration ; notre attente n'a pas été déçue. Rien n'a manqué, ni l'affluence des fidèles que l'église ne pouvait contenir, ni les prêtres, amis du défunt, qui entouraient le catafalque, et montraient par leur attitude pleine de douleur, les regrets que laissait dans leurs cœurs celui dont ils entouraient la dépouille mortelle, ni les larmes, ni surtout l'éloquence. Au moment des suprêmes adieux, on a vu paraître sur la chaire décorée d'étoffes noires semées de larmes, un prêtre vénérable dont le visage était inondé de pleurs et dont tous les traits portaient l'expression de la douleur la plus profonde : c'était M. Laguë, archiprêtre de Dax, ami intime du défunt. Ah ! c'était bien à lui à célébrer celui qu'il avait si bien connu. Quelle éloquence et quels accents ! une froide analyse ne pourrait les rendre. Il a su faire passer dans tous ceux qui l'écoutaient les sentiments dont il était lui-même animé, et faire éclater en sanglots une douleur qui dès ce moment ne put plus être maîtrisée. Et comment retenir ses larmes, en voyant sous sa parole émue notre père tant regretté revenir un instant à la vie, paraître dans cette église où il a été pour nous un sujet d'édification continuelle, instruire nos enfants, visiter nos familles ! Ah ! nos cœurs se déchirent encore à la seule pensée de l'éternel adieu qu'il fit en notre nom, et au souvenir du spectacle navrant qu'offrait en ce moment l'église de Tilh. Au milieu de cette douleur générale qui ne cherche plus à se dissimuler, on emporte la dépouille mortelle qui passe à travers la double haie des congréganistes vêtues de blanc, et prend le chemin du cimetière. Une procession immense s'organise et défile avec un ordre parfait. En tête paraît la croix, revêtue d'un crêpe noir ; à sa suite marchent les hommes priant silencieusement quand les sanglots n'étouffent pas leur voix ; après eux s'avancent cent trente jeunes filles, dont le long voile de deuil contraste d'une manière touchante avec la blancheur de leurs vêtements ; le clergé et les notabilités de la paroisse escortent le cercueil que suit la foule immense dans une morne douleur. Au loin, dominant tous ces bruits divers, la voix mourante des cloches jette dans les airs ses plaintes mélancoliques. C'est dans cet appareil solennel que le corps du défunt fut conduit au cimetière. Une dernière fois, il apparut aux regards de tous et descendit ensuite sans retour dans la fosse qui l'attendait. Alors, se rangeant en cercle, les jeunes filles déposèrent sur le cercueil les couronnes de fleurs blanches que pendant les cérémonies elles avaient tenues à la main. Ah ! sans doute notre père bien-aimé dût tressaillir du haut du ciel, et sa tête à jamais ceinte du diadème de l'immortalité dut s'incliner doucement pour les remercier.

Tout est fini ; la foule jette un dernier regard sur la tombe encore ouverte de son pasteur, récite une prière et puis s'éloigne. Alors commence à s'étendre sur la paroisse entière cette douleur qui y plane encore ; alors commence l'éloge des vertus dont M. Barbe a été le vivant exemple, et que les pères aimeront à raconter a leurs enfants.

Pour lui, il repose maintenant, jusqu'au réveil universel, dans le nouveau cimetière qu'il a lui-même fait construire, et dont il a le premier sanctifié la terre. Il est là, appelant ses bien-aimés paroissiens qui viendront l'y rejoindre au temps marqué par les décrets de Dieu. Mais en attendant, ils viennent s'agenouiller auprès des restes bien-aimés qu'ils entourent de vénération, et semer de fleurs la terre qui les recouvre. Tous prient, tous pleurent, et se retirent ensuite, en prononçant cette parole, qui résume la vie entière de leur ancien pasteur : « il a passé en faisant le bien. »

UN AMI.

Dax, imprimerie J. Jestède, boulevard de la Marine, 24.